Disney 迪士尼 · PIXAR 皮克斯

头脑特工队

迪士尼拼音认读故事

头脑特工队

童趣出版有限公司编　　人民邮电出版社出版

北　京

目录

迪士尼 · 皮克斯

头脑特工队

情绪小人儿

lái lì chū shēng de nà yí kè dài

莱莉出生的那一刻，代

biǎo kuài lè de qíng xù xiǎo rénr lè lè

表快乐的情绪小人儿乐乐

jiù chū xiàn le tā zhù zài lái lì de dà nǎo

就出现了。她住在莱莉的大脑

qíng gǎn zhōng xīn lǐ kě yǐ tōng guò lái lì de

情感中心里，可以通过莱莉的

yǎn jing kàn dào wài miàn de shì jiè

眼睛看到外面的世界

lè lè xiǎng ràng lái lì de shēng

乐乐  想让莱莉的生

huó chōng mǎn kuài lè tā de gōng zuò jiù shì ràng

活充满快乐。她的工作就是让

dài biǎo kuài lè de huáng sè jì yì qiú

代表快乐的黄色记忆球 

yì zhí kòng zhì zhe lái lì de dà nǎo qíng gǎn

一直控制着莱莉的大脑情感

zhōng xīn cǐ shí lái lì de dà nǎo li zhǐ

中心。此时，莱莉的大脑里只

yǒu tā yí gè qíng xù xiǎo rénr

有她一个情绪小人儿。

rán ér jiù zài lái lì chū shēng hòu de
然而，就在莱莉出生后的

dì sān shí sān miǎo lìng yí gè qíng xù xiǎo rénr
第三十三秒，另一个情绪小人儿

chū xiàn le tā jiù shì dài biǎo bēi shāng qíng xù
出现了，她就是代表悲伤情绪

de yōu yōu
的忧忧。

dāng yōu yōu kòng zhì le lái
当忧忧控制了莱

lì de dà nǎo qíng gǎn zhōng xīn lái lì
莉的大脑情感中心，莱莉

jiù wā wā dà kū qǐ lái
就哇哇大哭起来。

jǐn jiē zhe xīn de qíng xù xiǎo rénr
紧接着，新的情绪小人儿

lù xù qián lái bào dào lái lì de dà nǎo qíng
陆续前来报到，莱莉的大脑情

gǎn zhōng xīn hěn kuài jiù biàn de yōng jǐ qǐ lái
感中心很快就变得拥挤起来。

qíng xù xiǎo rénr lún liú kòng zhì zhe
情绪小人儿  轮流控制着

dà nǎo qíng gǎn zhōng xīn tā men kě
大脑情感中心 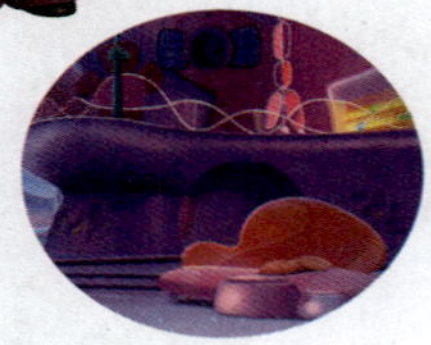，他们可

yǐ bāng zhù lái lì gèng hǎo de biǎo dá zì jǐ de
以帮助莱莉更好地表达自己的

xīn qíng
心情。

dài biǎo kǒng jù qíng xù de xiǎo rénr míng

代表恐惧情绪的小人儿名

jiào pà pà tā néng bǎo hù lái lì de ān

叫怕怕，他能保护莱莉的安

quán bǐ rú dāng lái lì yù dào wēi

全。比如，当莱莉遇到危

xiǎn de diàn xiàn shí pà pà jiù huì zhǐ dǎo tā

险的电线时，怕怕就会指导她

ān quán de kuà guò qù

安全地跨过去。

dài biǎo yàn wù qíng xù de xiǎo rénr míng
代表厌恶情绪的小人儿名

jiào yàn yàn tā zhuān mén fù zé chǔ lǐ
叫厌厌，她专门负责处理

kě néng lìng lái lì gǎn dào ě xin de dōng xi
可能令莱莉感到恶心的东西。

bǐ rú zài miàn duì yì pán shí wù
比如，在面对一盘食物

de shí hou tā huì bāng zhù lái lì jué dìng shì
的时候，她会帮助莱莉决定是

bǎ tā chī diào hái shi bǎ tā tuī kāi
把它吃掉，还是把它推开。

míng jiào nù nù de fèn nù qíng xù

名叫怒怒的愤怒情绪

xiǎo rénr zé shàn cháng chǔ lǐ shēng huó zhōng de bù

小人儿则擅长处理生活中的不

gōng píng shì jiàn tā jīng cháng bāng zhù lái lì

公平事件。他经常帮助莱莉

wéi hù zì jǐ de quán lì

维护自己的权利。

zhì yú bēi shāng xiǎo rénr yōu yōu

至于悲伤小人儿忧忧……

lái lì wèi shén me xū yào tā ne

莱莉  为什么需要她呢？

duì cǐ, lè lè bǎi sī bù dé qí jiě

对此，乐乐  百思不得其解。

wèi le ràng lái lì yǒng yuǎn kāi xīn kuài lè, lè

为了让莱莉永远开心快乐，乐

lè zǒng huì xiǎng bàn fǎ bǎ yōu yōu gǎn xià

乐总会想办法把忧忧  赶下

dà nǎo qíng gǎn zhōng xīn de kòng zhì tái

大脑情感中心的控制台。

zài lái lì de dà nǎo qíng gǎn zhōng xīn
在莱莉的大脑情感中心

zhōu wéi fēn bù zhe wǔ zuò xìng gé dǎo fēn bié
周围分布着五座性格岛，分别

shì jiā rén dǎo chéng shí dǎo
是：家人岛、诚实岛、

bīng qiú dǎo yǒu yì dǎo hé
冰球岛、友谊岛和

tiān zhēn dǎo xìng gé dǎo tōng guò guāng
天真岛。性格岛通过光

shù qiāo hé dà rǎo qíng gǎn zhōng xīn xiāng lián
束桥和大脑情感中心相连。

zài lè lè de kān guǎn xià

在乐乐的看管下，

lái lì dù guò le kuài lè měi hǎo de tóng

莱莉度过了快乐、美好的童

nián dà nǎo qíng gǎn zhōng xīn měi tiān dōu sāi mǎn

年。大脑情感中心每天都塞满

le huáng sè de kuài lè jì yì qiú

了黄色的快乐记忆球。

lái lì jiù xiàng lè lè jì huà de nà yàng shùn

莱莉就像乐乐计划的那样，顺

lì guò wán le dì shí yī gè shēng rì

利过完了第十一个生日。

UNIVERSITY OF AMERICA
AWD

kě shì zài lái lì shí èr
可是，在莱莉十二

suì de zhè yì nián lái lì de bà ba mā
岁的这一年，莱莉的爸爸、妈

ma jué dìng yào mài diào tā men zài míng ní sū dá
妈决定要卖掉他们在明尼苏达

zhōu de fáng zi jǔ jiā bān qù jiù
州的房子，举家搬去旧

jīn shān
金山。

jīng guò màn cháng de lǚ tú lái lì
经过漫长的旅途，莱莉

yǔ fù mǔ zhōng yú zhù jìn le tā men zài jiù
与父母终于住进了他们在旧

jīn shān de xīn jiā  zhè zuò kàn qǐ
金山的新家。这座看起

lái àn àn de sàn fā zhe yì gǔ qí guài wèi
来暗暗的，散发着一股奇怪味

dào de xiǎo fáng zi ràng lái lì  gǎn dào hěn
道的小房子让莱莉感到很

shī wàng
失望。

ér tóng yàng gǎn dào shī wàng de， hái yǒu

而同样感到失望的，还有

zhù zài lái lì dà nǎo li de wǔ gè qíng xù xiǎo

住在莱莉大脑里的五个情绪小

rénr tā men yě shì dì yī

人儿  。他们也是第一

cì miàn duì yí gè xīn de huán jìng。 tā men yào

次面对一个新的环境。他们要

zěn yàng hé lái lì yì qǐ lái shì yìng zhè

怎样和莱莉  一起来适应这

yí qiè ne

一切呢？

迪士尼 · 皮克斯

头脑特工队

新的生活

wèi le ràng lái lì gāo xìng qǐ lái

为了让莱莉高兴起来，

lè lè xiǎng dào le yí gè hǎo zhǔ yi

乐乐想到了一个好主意。

bù rú dà jiā yì qǐ lái wánr bīng qiú yóu

“不如大家一起来玩儿冰球游

xì ba lè lè yì biān shuō

戏吧！”乐乐一边说，

yì biān bǎ yí gè diǎn zi zhī dēng chā dào le qíng

一边把一个点子之灯插到了情

xù kòng zhì tái shang

绪控制台上。

shòu dào lè lè de gǔ lì
受到乐乐的鼓励，

lái lì ná chū bīng qiú qiú gān yǔ bà
莱莉拿出冰球球杆，与爸

ba mā ma zài kè tīng li wán qǐ le bīng qiú
爸、妈妈在客厅里玩起了冰球

yóu xì lái lì de liǎn shang zhōng yú zhàn
游戏。莱莉的脸上终于绽

fàng chū le xiào róng
放出了笑容。

brang

zhè shí bà ba de diàn huà xiǎng
这时，爸爸的电话响

le bà ba xū yào mǎ shàng qù dān wèi yí
了，爸爸需要马上去单位一

tàng yì jiā sān kǒu kuài lè de qīn zǐ shí
趟。一家三口快乐的亲子时

guāng jiù zhè yàng bèi dǎ duàn le bà ba
光就这样被打断了。“爸爸

bú ài wǒ men le yōu yōu shuō zhe
不爱我们了。”忧忧说着

xiàng kòng zhì tái zǒu qù lè lè jí shí lán zhù
向控制台走去，乐乐及时拦住

le tā
了她。

mā ma jiàn yì shuō lái

妈妈  建议说：“莱

lì wǒ qǐng nǐ chī bǐ sà ba

莉，我请你吃比萨  吧？”

tīng dào yào qù chī bǐ sà lái lì guǒ rán hěn

听到要去吃比萨，莱莉果然很

gāo xìng kě shì dāng tā kàn dào bǐ sà shang

高兴。可是，当她看到比萨上

de xī lán huā shí yàn yàn yí xià zi

的西蓝花时，厌厌  一下子

tiào shàng le qíng xù kòng zhì tái lái lì bù kāi

跳上了情绪控制台。莱莉不开

xīn de huí dào le jiā

心地回到了家。

lè lè zhǎo chū yì kē kuài lè jì
乐乐找出一颗快乐记

yì qiú xiǎng ràng lái lì gāo xìng yí
忆球，想让莱莉高兴一

xià dàn yōu yōu bù xiǎo xīn pèng dào le zhè gè
下，但忧忧不小心碰到了这个

jì yì qiú bìng bǎ tā rǎn chéng le bēi shāng
记忆球，并把它染成了悲伤

de lán sè
的蓝色。

TACTICAL FIELD GUIDE
ISLANDS OF PERSONALITY
MEMORY CONDUITS

wèi le ràng yōu yōu yuǎn lí lái

为了让忧忧远离莱

lì de jì yì lè lè ān pái tā qù kàn

莉的记忆，乐乐安排她去看

tóu nǎo shǒu cè qí tā sān

《头脑手册》。其他三

gè qíng xù xiǎo rénr yě zài bào yuàn lè lè

个情绪小人儿也在抱怨，乐乐

quàn tā men xiǎng yì xiē kāi xīn de shì qing dàn

劝他们想一些开心的事情，但

méi yǒu rén lǐ huì tā de jiàn yì

没有人理会她的建议。

Fielding Ideas
ATTITUDE ADJUSMENTS
Memory Conduits
Fielding Ideas

dì èr tiān lái lì yào qù xīn
第二天，莱莉要去新
xué xiào le lè lè gěi měi gè qíng
学校了。乐乐给每个情
xù xiǎo rénr dōu ān pái le rèn wu bāo kuò
绪小人儿都安排了任务，包括
yōu yōu nǐ jīn tiān yì zhěng tiān dōu yào dāi
忧忧。“你今天一整天都要待
zài zhè ge yuán quān li lè lè duì yōu yōu
在这个圆圈里。”乐乐对忧忧
shuō
说。

lái lì 　　　　 hé bà ba 　mā ma
莱莉  和爸爸、妈妈

gào bié hòu 　ái dào le xīn xué xiào 　zhí dào
告别后，来到了新学校。直到

cǐ kè 　tā de xīn qíng dōu fēi cháng bú cuò
此刻，她的心情都非常不错。

HISTORY
120 Sheets
HISTORY

shàng kè shí， lǎo shī wèn qǐ lái lì

上课时，老师问起莱莉

zài míng ní sū dá zhōu de shēng huó。 lè lè

在明尼苏达州的生活。乐乐

bāng lái lì huí yì qǐ le yí cì měi hǎo de

帮莱莉回忆起了一次美好的

jì yì， kě shì yōu yōu yòu bù xiǎo xīn

记忆，可是忧忧  又不小心

bǎ zhè duàn jì yì biàn chéng le shāng xīn de wǎng

把这段记忆变成了伤心的往

shì。 lái lì zài kè táng shang kū le

事。莱莉  在课堂上哭了

qǐ lái。

起来。

lè lè xiǎng yòng zhēn kōng guǎn bǎ zhè

乐乐想用真空管把这

kē bēi shāng jì yì qiú xī zǒu kě wēi lì qiáng

颗悲伤记忆球吸走，可威力强

dà de zhēn kōng guǎn què bǎ lè lè yōu yōu

大的真空管却把乐乐、忧忧

hé suǒ yǒu de jì yì qiú dōu xī chū

和所有的记忆球都吸出

le dà nǎo qíng gǎn zhōng xīn

了大脑情感中心。

xìng gé dǎo shì yī kào qíng gǎn zhōng xīn
性格岛是依靠情感中心

de jì yì qiú tí gōng néng liàng de
的记忆球提供能量的。

xiàn zài méi yǒu le jì yì qiú suǒ yǒu de
现在，没有了记忆球，所有的

xìng gé dǎo dōu àn le xià lái yōu yōu
性格岛都暗了下来。忧忧

gǎn dào fēi cháng dān xīn
感到非常担心。

lè lè jiǎn qǐ le wǔ gè kuài lè
乐乐捡起了五个快乐

jì yì qiú duì yōu yōu shuō bié dān
记忆球，对忧忧说：“别担

xīn zhǐ yào wǒ men bǎ zhè xiē jì yì qiú
心，只要我们把这些记忆球

fàng huí qù lái lì jiù néng huī fù zhèng
放回去，莱莉就能恢复正

cháng le le lè hé yōu yōu lái dào tiān zhēn
常了。”乐乐和忧忧来到天真

dǎo tā men xiǎng yán zhe guāng shù qiáo huí dào
岛，她们想沿着光束桥回到

dà nǎo qíng gǎn zhōng xīn
大脑情感中心。

cǐ kè zài lái lì de dà nǎo qíng
此刻，在莱莉的大脑情

gǎn zhōng xīn nù nù yàn yàn
感中心，怒怒、厌厌

hé pà pà zhèng zài mó fǎng lè lè de
和怕怕正在模仿乐乐的

yàng zi yǐn dǎo zhe lái lì de qíng xù dàn
样子，引导着莱莉的情绪，但

tā men bǎ yí qiè nòng de yì tuán zāo
他们把一切弄得一团糟。

DEFCON
2
2

miàn duì bà ba mā ma de zhì wèn
面对爸爸、妈妈的质问，

lái lì gǎn dào bù kě yì zhì de nù huǒ
莱莉感到不可抑制的怒火

chōng shàng xīn tóu zài nù nù de kòng zhì
冲上心头。在怒怒的控制

xià lái lì chòng zhe bà ba mā ma dà
下，莱莉冲着爸爸、妈妈大

hǎn dōu gěi wǒ bì zuǐ jié guǒ
喊：“都给我闭嘴！”结果，

lái lì bèi bà ba mìng lìng huí fáng jiān qù fǎn
莱莉被爸爸命令回房间去反

xǐng
省。

wǎn xiē shí hou, bà ba lái kàn

晚些时候，爸爸来看

lái lì, nǔ lì dòu tā kāi xīn, mò lì

莱莉，努力逗她开心，莱莉

què jù jué le bà ba. zài lái lì de dà nǎo

却拒绝了爸爸。在莱莉的大脑

zhōng, tiān zhēn dǎo kāi shǐ tān tā le!

中，天真岛开始坍塌了！

lè lè zhǐ hǎo lā zhe yōu yōu cháo jì

乐乐只好拉着忧忧朝记

yì cún chǔ jià pǎo qù.

忆存储架跑去。

rèn hé jì yì zhǐ yào jìn

“任何记忆只要进

le huí shōu zhàn jiù hěn nán zài zhǎo huí lái

了回收站，就很难再找回来

le zài cún chǔ jià jiān gōng zuò de dà nǎo

了。”在存储架间工作的大脑

gōng rén gào su lè lè

工人告诉乐乐。

cǐ kè lái lì zhèng tōng guò

此刻，莱莉正通过

diàn nǎo yǔ jiā xiāng de hǎo péng you méi gé liáo

电脑与家乡的好朋友梅格聊

tiān kě dāng méi gé tán dào zì jǐ yǒu le gè

天。可当梅格谈到自己有了个

xīn péng you shí nù nù kòng zhì le lái

新朋友时，怒怒控制了莱

lì de dà nǎo qíng gǎn zhōng xīn lái lì hěn hěn

莉的大脑情感中心，莱莉狠狠

de hé shàng le bǐ jì běn diàn nǎo

地合上了笔记本电脑。

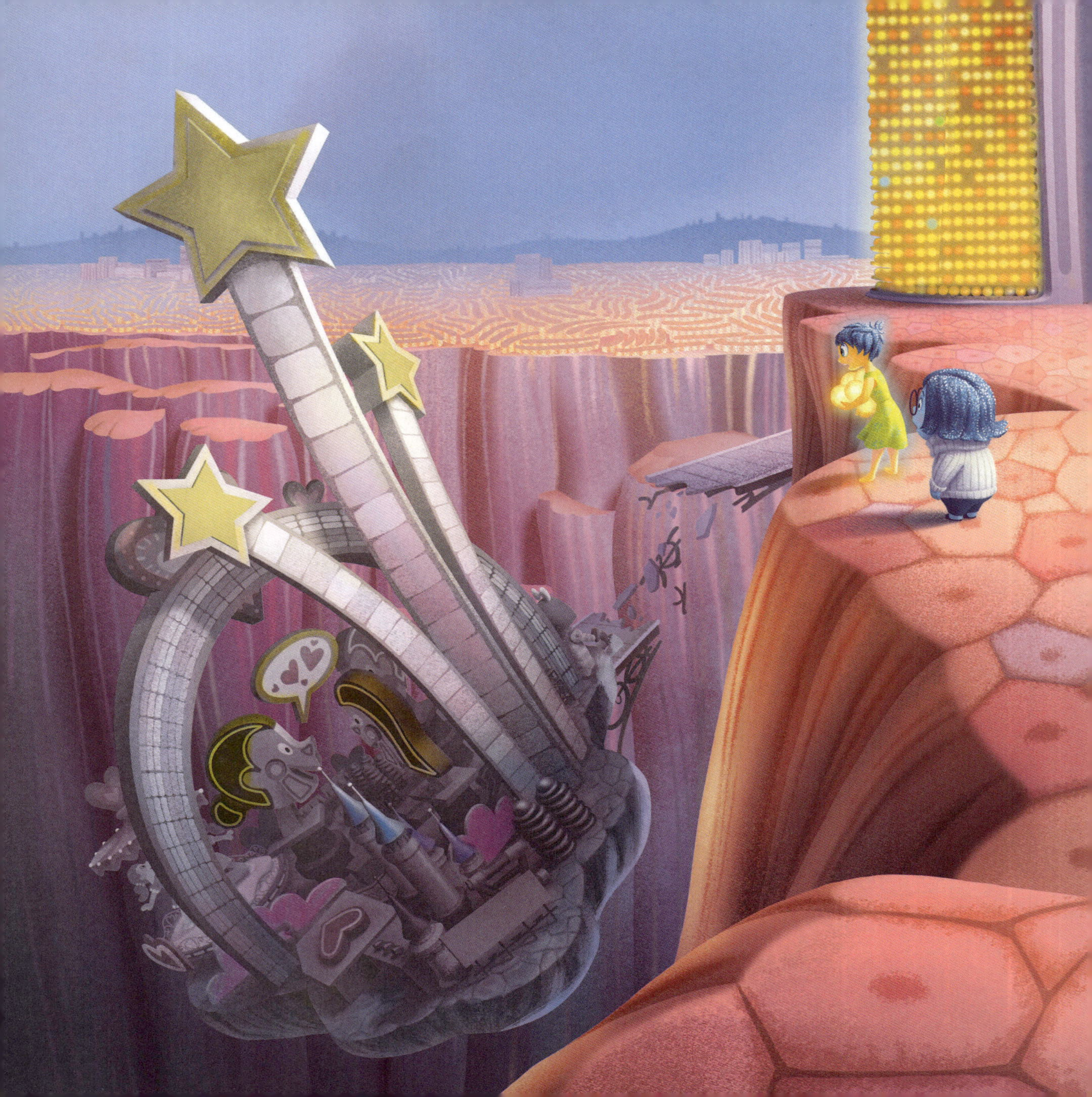

yǔ cǐ tóng shí zài lái lì de dà
与此同时，在莱莉的大

nǎo zhōng yǒu yì dǎo xùn sù chén le xià
脑中，友谊岛迅速沉了下

qù diào jìn le àn dàn wú guāng de huí shōu
去，掉进了黯淡无光的回收

zhàn lè lè tòng kǔ jí le yīn wèi
站。乐乐痛苦极了，因为

shī qù le yǒu yì dǎo de lái lì jiāng
失去了友谊岛的莱莉，将

bú huì zài yōng yǒu cóng qián nà yàng měi hǎo de xìng
不会再拥有从前那样美好的性

gé
格。

lè lè hé yōu yōu hù xiāng

乐乐和忧忧互相

kàn le yì yǎn tā men bì xū lì kè huí dào

看了一眼，她们必须立刻回到

dà nǎo qíng gǎn zhōng xīn wǎn jiù zhè yí qiè

大脑情感中心，挽救这一切！

lái lì bì xū jǐn kuài huī fù zhèng cháng

莱莉必须尽快恢复正常。

DISNEY 迪士尼 · PIXAR 皮克斯

头脑特工队

回归之路

jì xù shàng lù de lè lè hé yōu yōu yù
继续上路的乐乐和忧忧遇

jiàn le bīng bǎo tā shì lái lì
见了冰宝，他是莱莉

xiǎng xiàng chū lái de hǎo péng you lái lì suì
想象出来的好朋友。莱莉3岁

de shí hou zǒng shì zuò zhe bīng bǎo de sì lún
的时候，总是坐着冰宝的四轮

gē shēng qū dòng huǒ jiàn chē dào chù mào
歌声驱动火箭车到处冒

xiǎn
险。

GER
OUT!

bīng bǎo jiàn yì tā men dā chéng

冰宝建议她们搭乘

sī wéi liè chē fǎn huí dà nǎo qíng gǎn zhōng xīn

思维列车返回大脑情感中心。

yú shì tā men yì qǐ lái dào le yí zuò míng

于是，他们一起来到了一座名

wéi chōu xiàng sī wéi de jiàn zhù mén qián

为“抽象思维”的建筑门前。

cǐ kè lái lì zhèng zài tǐ yàn yì zhǒng

此刻，莱莉正在体验一种

chōu xiàng de gǎn jué gū dān

抽象的感觉——孤单。

yí jìn rù chōu xiàng sī wéi dà lóu
一进入抽象思维大楼，

lè lè yōu yōu hé bīng bǎo
乐乐、忧忧和冰宝

de shēn tǐ jiù kāi shǐ niǔ qū biàn xíng děng tā
的身体就开始扭曲变形。等他

men hǎo bu róng yì zǒu dào chū kǒu què fā xiàn
们好不容易走到出口，却发现

sī wéi liè chē gāng hǎo kāi zǒu le
思维列车刚好开走了。

Imagination
Land

méi guān xì wǒ hái zhī dào yí
“没关系，我还知道一

gè chē zhàn bīng bǎo dài zhe dà jiā
个车站。”冰宝带着大家

lái dào le xiǎng xiàng lè yuán zài zhè
来到了想象乐园

。在这

lǐ lè lè fā xiàn le yì tái huàn xiǎng
里，乐乐发现了一台幻想

nán yǒu zhì zào jī
男友制造机。

SAFETY HAT
YOUTH
LEAGUE
DIV 3
REGIONAL

cǐ shí lái lì zhèng zài cān jiā dì

此时，莱莉正在参加第

yī cì bīng qiú b¯ sài pà pà

一次冰球比赛，怕怕

bǎ tā shōu jí dào de suǒ yǒu guān yú bīng qiú de

把他收集到的所有关于冰球的

jì yì dōu sāi jìn le gù dìng qì què quán bèi tán

记忆都塞进了固定器，却全被弹

le huí lái nù nù shēng qì de zǒu shàng

了回来。怒怒生气地走上

le qíng xù kòng zhì tái yú shì lái lì

了情绪控制台。于是，莱莉

tū rán rēng diào le qiú gān yáng cháng ér qù

突然扔掉了球杆，扬长而去。

bīng qiú dǎo shùn jiān tān tā
冰球岛瞬间坍塌

le bīng bǎo fā xiàn zì jǐ de sì lún gē shēng
了，冰宝发现自己的四轮歌声

qū dòng huǒ jiàn chē diào xià le xuán yá
驱动火箭车掉下了悬崖！

bù wǒ de chē bīng bǎo
“不，我的车！”冰宝

shāng xīn de kū le qǐ lái
伤心地哭了起来。

yōu yōu bù jīn ān wèi qǐ tā
忧忧不禁安慰起他

lái bù yí huìr bīng bǎo cā le
来，不一会儿，冰宝擦了

cā yǎn lèi shuō wǒ gǎn jué hǎo duō le
擦眼泪说：“我感觉好多了。”

lè lè jiǎn zhí bù gǎn xiāng xìn bēi shāng
乐乐简直不敢相信，悲伤

xiǎo rénr jìng rán bāng zhù bīng bǎo tíng zhǐ le bēi
小人儿竟然帮助冰宝停止了悲

shāng
伤！

tā men sān ge zhōng yú gǎn shàng le sī
他们三个终于赶上了思

wéi liè chē dàn liè chē hái méi kāi
维列车，但列车还没开

chū duō yuǎn biàn tíng le xià lái yuán lái lái lì
出多远便停了下来，原来莱莉

shuì zháo le yōu yōu xiǎng le gè hǎo zhǔ
睡着了。忧忧想了个好主

yi xiǎng bàn fǎ bǎ lái lì nòng xǐng
意：想办法把莱莉弄醒。

R

yú shì lè lè yōu yōu

于是，乐乐

、忧忧

hái yǒu bīng bǎo fēi kuài de tiào xià liè

还有冰宝

飞快地跳下列

chē chōng xiàng le lái lì de zào mèng gōng chǎng

车，冲向了莱莉的造梦工厂，

zhǔn bèi yòng mèng jiào xǐng lái lì

准备用梦叫醒莱莉。

à zhè lǐ kě zhēn dà

“啊，这里可真大！”

dì yī cì lái dào zào mèng gōng chǎng de lè lè

第一次来到造梦工厂的乐乐

xīng fèn de zhuàn qǐ le quān zài zhè lǐ

兴奋地转起了圈。在这里，

tā hái kàn jiàn le tā zuì chóng bài de mèng zhī

她还看见了她最崇拜的梦之

xīng cǎi hóng dú jiǎo shòu

星——彩虹独角兽  ！

tā men tōu tōu tuī kāi zào mèng gōng chǎng
他们偷偷推开造梦工厂

shè yǐng péng de mén yǎn qián chū xiàn
摄影棚的门，眼前出现

de chǎng jǐng sì céng xiāng shí duì le zhè shì
的场景似曾相识。对了！这是

yì jiān jiào shì dàn zhè zhǒng mèng kě
一间教室。但这种梦可

jiào bu xǐng lái lì ya tā men xū yào zhì zào
叫不醒莱莉呀！他们需要制造

yí gè è mèng
一个噩梦。

cǐ kè pà pà zhèng zài qíng xù kòng
此刻，怕怕正在情绪控

zhì tái qián zhí bān tū rán jiān shì qì shàng
制台前值班。突然，监视器上

miàn chū xiàn le yì zhī bèi fēn chéng le liǎng bàn
面出现了一只被分成了两半

de xiǎo gǒu pà pà jìn lì ān fǔ
的小狗 ！怕怕尽力安抚

zhe lái lì de qíng xù kě shì lái lì
着莱莉的情绪，可是莱莉 

hái shi bèi è mèng xià xǐng le
还是被噩梦吓醒了！

lái lì yì xǐng lái sī wéi
莱莉一醒来，思维

liè chē jiù kāi dòng le lè lè yōu
列车就开动了。乐乐、忧

yōu hé bīng bǎo kāi xīn de tiào
忧和冰宝开心地跳

shàng liè chē tā men hěn kuài jiù kě yǐ huí
上列车。他们很快就可以回

dào dà nǎo qíng gǎn zhōng xīn ràng yí qiè huī fù
到大脑情感中心，让一切恢复

zhèng cháng le
正常了。

Disney 迪士尼 · PIXAR 皮克斯

头脑特工队

完美成长

zhè shí zài lái lì de dà nǎo qíng
这时，在莱莉的大脑情

gǎn zhōng xīn nù nù yǒu le yí gè xīn
感中心，怒怒有了一个新

jì huà jì rán zài zhè lǐ zuò shén me dōu bú
计划：既然在这里做什么都不

shùn lì gān cuì ràng lái lì pǎo huí lǎo
顺利，干脆让莱莉跑回老

jiā ba tā bǎ zhè ge diǎn zi zhī dēng chā
家吧！他把这个点子之灯插

shàng le qíng xù kòng zhì tái
上了情绪控制台。

liè chē shang de lè lè hé yōu yōu

列车上的乐乐和忧忧

fā xiàn tā men tóng shí yōng yǒu lái lì de

发现她们同时拥有莱莉的

jǐ gè zuì bàng de jì yì qiú lè

几个最棒的记忆球。乐

lè xià jué xīn yào ràng yōu yōu yě biàn de kāi

乐下决心要让忧忧也变得开

lǎng lè guān qǐ lái

朗、乐观起来。

06

zài nù nù de cāo kòng xià

在怒怒的操控下，

lái lì yǐ jīng zhǔn bèi lí jiā chū zǒu le jiù

莱莉已经准备离家出走了。就

zài tā tōu mā ma xìn yòng kǎ mǎi chē piào

在她偷妈妈信用卡买车票

de nà yí chà nà chéng shí dǎo hōng rán

的那一刹那，诚实岛轰然

dǎo tā tú jīng chéng shí dǎo de sī wéi liè

倒塌！途经诚实岛的思维列

chē yě duàn liè le

车也断裂了。

dà nǎo gōng rén gào su lè lè
大脑工人告诉乐乐：

lái lì zhèng zài lí jiā chū zǒu
“莱莉正在离家出走！”

dāng lái lì lí kāi jiā de shùn jiān jiā rén
当莱莉离开家的瞬间，家人

dǎo yě kāi shǐ tān tā suì piàn zhuàng
岛也开始坍塌！碎片撞

dǎo le jì yì cún chǔ jià yì tiáo jì yì
倒了记忆存储架，一条记忆

zhào huí guǎn dào lù le chū lái
召回管道露了出来。

lè lè chōng shàng le guǎn dào

乐乐冲上了管道，

kě guǎn dào què duàn liè le lè lè hé bèi tā

可管道却断裂了。乐乐和被她

dài zǒu de suǒ yǒu jì yì qiú dōu miàn lín zhe

带走的所有记忆球都面临着

zhuì luò de wēi xiǎn bīng bǎo chōng guò

坠落的危险。冰宝冲过

qù yì bǎ zhuā zhù le lè lè dàn tā men què

去一把抓住了乐乐，但他们却

yì qǐ zhuì rù le jì yì huí shōu zhàn

一起坠入了记忆回收站。

lè lè zài huí shōu zhàn kàn dào le hěn
乐乐在回收站看到了很

duō jì yì qiú  měi gè jì yì qiú
多记忆球，每个记忆球

dōu shì bēi shāng hé kuài lè jiāo zhī ér chéng de
都是悲伤和快乐交织而成的。

lè lè  tū rán míng bai le lái lì 
乐乐突然明白了，莱莉

de bēi shāng hé kuài lè yǒng yuǎn tóng zài
的悲伤和快乐永远同在。

tā men zài huí shōu zhàn li zhǎo dào le bīng
他们在回收站里找到了冰

bǎo de sì lún gē shēng qū dòng huǒ jiàn
宝的四轮歌声驱动火箭

chē lè lè hé bīng bǎo dà shēng
车。乐乐和冰宝大声

chàng qǐ gē lái huǒ jiàn chē yuè fēi yuè gāo
唱起歌来，火箭车越飞越高，

kě yì zhí fēi bu dào zú gòu de gāo dù bǎ
可一直飞不到足够的高度，把

lè lè hé bīng bǎo dài chū huí shōu zhàn
乐乐和冰宝带出回收站。

zhè shí bīng bǎo fā xiàn zì

这时，冰宝发现自

jǐ zhèng zài xiāo shī kě tā yī rán gǔ lì lè

己正在消失，可他依然鼓励乐

lè shuō bié huī xīn zài shì yí

乐说：“别灰心，再试一

cì lè lè chóng xīn qǐ dòng le huǒ jiàn chē

次！”乐乐重新启动了火箭车，

bīng bǎo qiāo qiāo tiào le xià lái zhè yí cì huǒ

冰宝悄悄跳了下来。这一次火

jiàn chē zhōng yú yuè guò le xuán yá

箭车终于越过了悬崖。

cǐ shí nù nù pà pà

此时，怒怒、怕怕

hé yàn yàn duì lí jiā chū zǒu de jì huà

和厌厌对离家出走的计划

hòu huǐ bù yǐ tā men xiǎng bǎ diǎn zi zhī

后悔不已，他们想把点子之

dēng cóng qíng xù kòng zhì tái shang bá chū

灯从情绪控制台上拔出

lái kě bù guǎn tā men duō yòng lì diǎn zi

来，可不管他们多用力，点子

zhī dēng shǐ zhōng yí dòng yě bú dòng

之灯始终一动也不动。

lè lè fā xiàn yōu yōu zhèng zhàn zài

乐乐发现忧忧正站在

yí piàn wū yún shang jiàn jiàn piāo yuǎn

一片乌云上渐渐飘远。

wèi le zhuī huí yōu yōu lè lè mǎ shàng yòng huàn

为了追回忧忧，乐乐马上用幻

xiǎng nán yǒu zhì zào jī zhì zào chū le yí gè nán

想男友制造机制造出了一个男

yǒu tǎ tā jiè zhù nán yǒu tǎ tiào dào le dà

友塔，她借助男友塔跳到了大

tán huáng chuáng shang rán hòu yòu bèi tán dào le

弹簧床上，然后又被弹到了

yōu yōu suǒ zhàn de yún duǒ shang

忧忧所站的云朵上。

liǎng gè qíng xù xiǎo rénr shǒu lā shǒu cháo
两个情绪小人儿手拉手朝

qíng gǎn zhōng xīn fēi qù yì huí dào
情感中心飞去。一回到

qíng gǎn zhōng xīn yōu yōu lì kè zǒu
情感中心，忧忧立刻走

shàng kòng zhì tái wēn róu de bá diào le lí jiā
上控制台，温柔地拔掉了离家

chū zǒu de diǎn zi zhī dēng lái lì yí xià
出走的点子之灯。莱莉一下

zi cóng bā shì shang zhàn le qǐ lái hǎn dào
子从巴士上站了起来，喊道：

tíng chē wǒ yào huí jiā
“停车，我要回家！”

kàn dào lái lì huí lái, bà ba、
看到莱莉回来，爸爸、

mā ma zhōng yú fàng xīn le。 jīng guò
妈妈终于放心了。经过

zhè yí qiè hòu, lái lì de dà nǎo zhōng
这一切后，莱莉的大脑中

jiàn lì qǐ le yí zuò zuò xīn de xìng gé dǎo。
建立起了一座座新的性格岛。

qíng xù xiǎo rénr men yě dé
情绪小人儿们也得

dào le yì tái gèng wéi fù zá de qíng xù kòng zhì
到了一台更为复杂的情绪控制

tái。
台。

yōu yōu  hé lè lè  jiān bìng

忧忧和乐乐肩并

jiān zhàn zài qíng xù kòng zhì tái shang yīn wèi tā

肩站在情绪控制台上，因为她

men zhī dào zhǐ yǒu kuài lè yǔ bēi shāng tuán jié

们知道，只有快乐与悲伤团结

hé zuò cái néng gèng hǎo de bāng zhù lái lì

合作，才能更好地帮助莱莉

xìng fú de shēng huó

幸福地生活。

rú jīn lái lì jiāo dào le xīn
如今，莱莉交到了新

péng you jiā rù le xīn de bīng qiú duì
朋友，加入了新的冰球队，

hù xiāng lǐ jiě de yì jiā rén zhù zài xīn jiā
互相理解的一家人住在新家

li tā hé tā de qíng xù xiǎo rénr men
里。她和她的情绪小人儿们

hái jiāng fā shēng shén me jīng cǎi de gù shi ràng
还将发生什么精彩的故事？让

wǒ men gòng tóng qī dài ba
我们共同期待吧！